AF603577

EDIT DU ROY,

Du mois de Decembre 1691.

Portant creation d'un Conſeiller de Sa Majeſté, Oeconome Sequeſtre dans chaque Dioceſe du Royaume.

Regiſtré au Parlement & en la Cour des Aydes.

LOUIS par la Grace de Dieu Roy de France & de Navarre : A tous preſens & à venir, SALUT. La Regale temporelle ſur tous les Archeveſchez & Eveſchez de noſtre Royaume, Terres & Païs de noſtre obeïſſance, eſtant un des plus anciens droits de noſtre Couronne, & la garde des Egliſes vacantes Nous appartenant comme Patron & Fondateur d'icelles; quelques-uns des Rois nos Predeceſſeurs en ont fait percevoir le revenu par les Receveurs de leurs Domaines, qui en ont compté en noſtre Chambre des Comptes de Paris; pluſieurs autres en ont fait ceſſion à temps ou à vie, au profit de noſtre ſainte Chapelle du Palais à Paris, pour y faire celebrer le Service avec dignité, & le feu Roy noſtre tres honoré Seigneur & Pere a revoqué cette ceſſion, & ordonné par ſes Lettres Patentes du mois de Decembre 1641. que vacation avenant des Archeveſchez & Eveſchez, il ſeroit commis des perſonnes ſolvables pour en adminiſtrer le revenu pendant l'ouverture de la Regale, à la charge qu'icelle cloſe, le revenu ſeroit remis par l'Adminiſtrateur entre les mains de celuy qui auroit eſté pourveu ſur ſa nomination, en execution deſquelles Lettres ceux qui auroient eſté par Nous nommez aux Archeveſchez & Eveſchez vacans, auroient le plus ſouvent fait commettre un de leurs domeſtiques pour en regir le temporel; & dautant que cette commiſſion ne doit eſtre donnée, ſuivant noſdites Lettres Patentes de 1641. qu'à des perſonnes ſolvables qui puiſſent répondre des dégradations, & autres Actes de mauvaise administration qui se commettent durant les vacances, particulierement lors qu'elles sont longues, Nous avons jugé necessaire d'ériger lesdites Commissions en titre d'Office, & de donner par la mesme raison à ceux qui en seront pourveus, le pouvoir de gouverner le temporel des Abbayes & Prieurez Conventuels vacans qui sont à nostre nomination; comme aussi de leur attribuer la fonction de Sequestre pour les Benefices litigieux, dont les fruits auront esté sequestrez par Sentence ou par Arrest. A CES CAUSES; & autres à ce Nous mouvans, de l'avis de nostre Conseil, de nostre certaine science, pleine puissance & autorité Royale, Nous avons par le present Edit perpetuel & irrevocable, créé, érigé & étably, créons, érigeons & établissons en titre d'Office formé & hereditaire en chacun des Dioceses de nostre Royaume, Païs & Terres de nostre obeïssance, des Offices de nos Conseillers Oeconomes Sequestres, pour avoir la direction & administration du temporel des Archeveschez, Eveschez, Abbayes & Prieurez Conventuels, estant à nostre nomination, qui vacqueront cy-aprés par mort ou demission pure & simple; ensemble des Benefices estans à la Presentation ou Collation des Ordinaires, Patrons & Collateurs Laïques, lorsque les fruits en auront esté sequestrez par Sentence ou par Arrest: le nombre desquels Offices sera reglé par les Rôlles qui seront arrestez en nostre Conseil.

PREMIEREMENT.

Seront lesdits Oeconomes Sequestres par Nous pourveus, & ensuite receus aprés avoir donné caution, & fait information de vie & mœurs, en prestant serment devant nos Baillifs & Senechaux au ressort desquels sera la lieu de leur residence.

II. Ceux qui seront par Nous commis à l'exercice desdites Charges, en attendant qu'il y ait des Officiers pourveus, seront receus en prestant seulement serment entre les mains des Baillifs & Seneschaux, ou

Juges Royaux dans la Jurisdiction desquels sera situé le Diocese de leur établissement.

III. Ils tiendront deux Registres dans l'un desquels ils écriront leur recepte & dépense, & dans l'autre ils feront mention par Extrait de chaque Acte qu'ils auront fait & passé, ou qui leur aura esté signifié, concernant la fonction de leur Charge, & garderont les expeditions desdits Actes, pour les representer à qui par Justice sera ordonné.

IV. Les feüillets desdits Registres seront cottez par premier & dernier, & paraphez par le Juge Royal, dont sera fait procez verbal en la premiere page de chacun desdits Registres; & pour tout droit d'avoir cotté & paraphé ces deux Registres, de quelque grosseur qu'ils soient, ensemble pour le procez verbal, le Juge recevra la somme de quatre livres.

V. Pourront lesdits Oeconomes commettre telles personnes que bon leur semblera pour vacquer à l'exercice de leurs Charges dans les lieux où ils ne pourront agir par eux-mesmes, & ils demeureront responsables civilement de ceux qu'ils auront commis.

VI. Voulons que vacation arrivant de quelque Prelature, nos Oeconomes Sequestres fassent apposer à leur requeste le Scellé dans les Hostels des Archeveschez, Eveschez, Abbayes, Prevostez, Prieurez Conventuels, Tresoreries de nos saintes Chapelles, & autres Dignitez de nostre nomination ou collation, pour lesquelles nos Lettres d'Oeconomat ont coustume d'estre expediées; & en cas qu'il ait auparavant esté apposé à la diligence de l'heritier du Prelat, de son Executeur Testamentaire, ou de ses Creanciers, lesdits Oeconomes s'y opposeront pour la conservation des meubles, titres & revenus du Benefice, & assurance des reparations, si aucunes y a.

VII. Lorsque le Scellé aura esté apposé à la requisition de nos Oeconomes, inventaire sera fait à leur requeste des meubles estant dans le Benefice, & maiſons en dépendant, l'heritier, & oppoſans au Scellé deuëment appellez; & ſi le Scellé a eſté mis à la pourſuite de l'heritier du Prelat, l'Oeconome aſſiſtera ſeulement à l'inventaire ſans pouvoir pretendre aucune vacation.

VIII. Enjoignons à nos Oeconomes, incontinent aprés le decés des Prelats, de faire proceder par voye de ſaiſie entre les mains des Receveurs & Fermiers, ſur tous les deniers, grains, vins & autres choſes procedant des revenus du Benefice, qui ſe trouveront par eux deuës; & auſdits Receveurs & Fermiers d'en vuider leurs mains en celles deſdits Oeconomes, à la charge d'en tenir par eux compte, & de les délivrer à qui il appartiendra.

IX. Seront tenus les Oeconomes Sequeſtres d'entretenir les Baux faits par le dernier poſſeſſeur pour l'année courante, & de les continuer, ou en faire de nouveaux pour deux ou trois années devant Notaires, de l'avis du Subſtitut de noſtre Procureur General ſur les lieux, aprés trois publications faites par trois Dimanches conſecutifs, au Profne des Paroiſſes dans leſquelles les Fermes ſeront ſituées.

X. Les Egliſes, maiſons, Fermes & baſtimens dépendans du Benefice vacant, ſeront viſitées de l'Ordonnance du Juge Royal des lieux, à la requeſte de l'Oeconome, en preſence de l'heritier du Prelat, ou deuëment appellé, par deux experts Jurez qui ſeront nommez d'office par le Subſtitut de noſtre Procureur General; & ſeront leſdits Experts Jurez, tenus de faire mention dans leur rapport, du temps auquel ils eſtiment que leſdites refections & ruines ſeront arrivées, des cauſes qui y ont donné lieu, de la neceſſité ou inutilité des baſtimens & édifices à reparer, & de priſer & eſtimer les refections & reparations, pour leur rapport veu, eſtre ordonné ce qu'il appartiendra.

XI. Seront tenus les heritiers du Prelat de remettre dans les ſix mois aprés la viſite, les lieux en bonne &

suffisante reparation, sinon l'Oeconome fera bailler lesdites reparations au rabais; & à l'égard des reparations qui surviendront pendant l'Oeconomat, Voulons que la visite en soit faite par un Expert Juré qui sera nommé d'office par le Substitut de nostre Procureur General; & que sur son rapport l'Oeconome passe marché par l'avis dudit Substitut devant Notaires, avec les Ouvriers & Entrepreneurs desdites reparations.

XII. Les Oeconomes Sequestres recevront tous les revenus des Archeveschez, Eveschez, Abbayes, Prevostez, Prieurez Conventuels, Tresoreries de nos saintes Chapelles, & autres dignitez qui ont coustume d'estre regies par Oeconomat, jusqu'à ce que le successeur par Nous nommé ou pourveu, ait pris possession en vertu de Bulles, ou de nos Provisions: comme aussi ils percevront les Fermes & revenus de tous les Benefices dont les fruits auront esté sequestrez par Sentence ou par Arrest.

XIII. Et dautant qu'il y a des Benefices dont les fruits sont dés à present sequestrez, Nous voulons qu'un mois aprés la publication de nostre present Edit, dans les sieges où le Sequestre a esté ordonné, ceux qui ont esté commis pour regir le temporel desdits Benefices, remettent és mains de nos Oeconomes Sequestres, ou de ceux qui seront par Nous commis pour faire leurs Charges, en attendant qu'il y ait des Officiers receus, les Sentences ou Arrests de Sequestres: les Baux à Ferme, pieces & procedures, concernant leurs Commissions; ensemble les deniers dont ils se trouveront redevables par le compte qu'ils seront tenus de rendre à nosdits Oeconomes, les parties qui plaident les Benefices appellées; & en cas de refus, les défaillans, ledit temps passé, y seront contraints comme depositaires de biens de Justice: & du tout lesdits Oeconomes Sequestres, ou ceux par Nous commis, se chargeront au bas d'un Inventaire sommaire qui en sera fait devant un Notaire Royal & Apostolique ; quoy faisant les anciens Sequestres en demeureront bien & valablement déchargez.

XIV. Et pour faire cesser les difficultez qui arrivent entre nos Sujets sur la convention ou nomination d'Office d'un Sequestre, quand il y a des dixmes Ecclesiastiques ou prétenduës infeodées, dont le Sequestre a esté ordonné par Sentence ou par Arrest, Voulons que lesdites dixmes soient pareillement sequestrées entre les mains de l'un de nos Oeconomes Sequestres.

XV. Lorsqu'il y aura des revenus de Benefices ou arrerages de pensions créées en Cour de Rome, saisis, & instance de preference entre les creanciers saisissans, Ordonnons que lesdits revenus & arrerages de pension, soient portez entre les mains de l'Oeconome, & les droits de Sequestre payez à raison de six deniers pour livre, preferablement à tous creanciers, mesme aux frais de Justice.

XVI. S'il survient quelques saisies ou oppositions sur les fruits ou arrerages de pension, sequestrez és mains de nos Oeconomes Sequestres, seront lesdites saisies ou oppositions enregistrées, à peine de nullité, dans le Registre desdits Oeconomes, & par eux paraphez, il leur sera payé dix sols pour l'enregistrement.

XVII. Chaque Oeconome sera obligé, durant le temps de son administration, d'acquitter toutes les Charges ordinaires de la Dignité vacante, sur les revenus en dépendans, specialement celles qui concernent l'entretenement du Service divin, les aumosnes, les pensions des Religieux, les reparations, les decimes ordinaires & extraordinaires, la taxe du don gratuit, & autres prestations accoustumées : & ne pourra aucun Oeconome couper des arbres de fustaye ou baliveaux sur taillis, ny toucher au quart mis en reserve, ny rien entreprendre au delà des coupes ordinaires & reglées, sous les peines portées par nos Ordonnances.

XVIII. Rendront lesdits Oeconomes compte par chad'un an, à l'amiable de tous les revenus qu'ils auront perceus des Eveſchez & autres Benefices vacans, & en payeront le reliqua à ceux que Nous aurons commis pour oüir ledit compte; & à l'égard du revenu qu'ils auront receu des Benefices & dixmes mis en ſequeſtre, Voulons qu'ils en rendent pareillement compte un mois aprés la Sentence de recreance ou de pleine maintenuë adjugée à l'une des parties; & en cas de conteſtation ſur leſdits comptes, elle ſera jugée pour le fait de l'Oeconomat par le Juge Royal, au reſſort duquel ſera ſitué le chef-lieu de la Prelature vacante; & en ce qui concerne le Sequeſtre, par le Juge qui l'aura ordonné, ſans que ſous pretexte de ſaiſie, ou intervention de creanciers privilegiez, leſdits comptes puiſſent eſtre évoquez, ou renvoyez en une autre Juriſdiction.

XIX. Voulons que leſdits Oeconomes employent au chapitre de dépenſe dans leurs comptes, deux ſols pour livre de toute leur recepte, qui leur ſeront paſſez & alloüez, & qu'ils retiendront par leurs mains pour tous frais de leur adminiſtration, recouvrement, façon, & reddition de compte; leur deffendons de prendre plus grands droits, à peine du quadruple de ce qu'ils auroient induëment receu, & de cinq cens liv. d'amende.

XX. Et pour leur donner moyen de vacquer avec plus de ſoin à l'exercice de leurs Charges, Nous leur avons attribué & attribuons cinq cens livres de gages, dont ils ſeront payez annuellement de deux quartiers, montant à deux cens cinquante livres, deſquels les fonds ſeront laiſſez dans les Eſtats de nos Domaines pour leur eſtre payez par les Fermiers d'iceux; & ſeront exempts de la Collecte de la Taille, logement effectif de Gens de guerre, Guet & Garde, Tutelle & Curatelle.

Si DONNONS EN MANDEMENT à nos Amez & Feaux Conſeillers, les Gens tenans noſtre Cour de Parlement, Chambre des Comptes & Cour des Aydes à Paris, que nostre present Edit ils ayent à faire lire, publier & registrer, & le contenu en iceluy garder & observer selon sa forme & teneur, cessant & faisant cesser tous troubles & empeschemens qui pourroient estre mis ou donnez, nonobstant tous Edits, Declarations, Ordonnances, Reglemens & autres choses à ce contraires, ausquels nous avons derogé & derogeons par nostre present Edit; aux copies duquel collationnées par l'un de nos amez & feaux Conseillers-Secretaires, Voulons que foy soit ajoustée comme à l'Original: CAR tel est nostre plaisir. Et afin que ce soit chose ferme & stable à toujours, Nous y avons fait mettre nostre Scel. DONNE' à Versailles au mois de Decembre l'an de Grace 1691. & de nostre Regne le quarante-neuviéme Signé, LOUIS, Plus bas, par le Roy, PHELIPPEAUX. *Visa*, BOUCHERAT. Et scellé du grand Sceau de cire verte, en lacs de soye rouge & verte.

Registrées, ouy, & ce requerant le Procureur General du Roy, pour estre executées selon leur forme & teneur; & copies collationnées envoyées dans les Sieges, Bailliages & Senechaussées du Ressort, pour y estre pareillement leües, publiées & enregistrées; Enjoint aux Substituts dudit Procureur General du Roy d'y tenir la main, & d'en certifier la Cour dans un mois, suivant l'Arrest de ce jour. A Paris en Parlement le 2. Ianvier 1692. Signé DU TILLET.

Registrées en la Cour des Aydes, oüy, ce requerant & consentant le Procureur General du Roy, pour estre executées selon leur forme & teneur, & ordonné que copies collationnées des presentes Lettres en seront incessamment envoyées, à la diligence dudit Procureur General, és Sieges des Elections & Greniers à Sel du Ressort de la Cour, pour y estre leües & publiées l'Audience tenant: Enjoint aux Substituts dudit Procureur General esdits Sieges d'y tenir la main, & de certifier ladite Cour de leur diligence au mois. A Paris, les Chambres assemblées, le 22. Ianvier 1692.
Signé, DU MOLIN.

EDIT DU ROY,

Du mois de Decembre 1691.

Portant Creation de Notaires Royaux & Apoſtoliques.

Regiſtré au Parlement & en la Cour des Aydes.

LOUIS par la Grace de Dieu Roy de France & de Navarre : A tous preſens & à venir, SALUT. Le Roy Henry II. ayant eſté informé par les remonſtrances du Clergé, des abus que les Notaires Apoſtoliques commettoient dans l'exercice de leurs Charges, & que le deſordre provenoit de la trop grande facilité qu'il y avoit à s'en faire pourvoir ; il ordonna par ſon Edit du mois de Septembre 1547. à nos Baillifs & Séneſchaux d'en reduire le nombre à celuy qui ſeroit eſtimé ſuffiſant pour le ſervice du public ; & la reduction en ayant eſté faite, il voulut par ſon Edit du mois de Juin 1550. qu'ils fuſſent examinez & reçûs par les Archeveſques & Eveſques chacun dans leur Dioceſe, qu'ils fiſſent enregiſtrer leurs noms, ſurnoms & demeure, aux Greffes des Preſidiaux de leur reſidence, & ne puſſent inſtrumenter qu'en un Dioceſe. Ces Reglemens n'ayant pas eſté capables de contenir leſdits Notaires dans leur devoir, le feu Roy noſtre tres-honoré Seigneur & Pere, fut obligé de leur défendre par ſon Edit du mois de Novembre 1637. à peine de faux, de délivrer aux Parties les minutes des Procurations pour reſigner, & des autres Actes qu'ils paſſoient en matiere Beneficiale, Nous leur avons reïteré les meſmes défenſes par noſtre Declaration du mois d'Octobre 1646. Mais nous ſommes avertis que nonobſtant ces défenſes reïterées, ils ſe deſſaiſiſſent encore des minutes des revocations de Procurations pour reſigner, & rendent par ce moyen les titres des Benefices tellement incertains entre le Resignant & le Resignataire, qu'ils ne peuvent vacquer par la mort de l'un ny de l'autre, & sont toûjours conservez au plus vivant, ce qui cause plusieurs procés, & fait préjudice aux droits des Patrons Collateurs ordinaires & Expectans : à quoy desirant pourvoir, Nous nous sommes fait representer nos anciennes Ordonnances sur le pouvoir des Notaires Apostoliques, & avons consideré que les Obligations & Contrats qu'ils recevoient ne portant point hypotheque, & n'étant point executoires sous le Scel de la Jurisdiction Ecclesiastique, c'étoient des Actes imparfaits que nos Notaires, Huissiers, & ceux des Seigneurs expediant la plûpart des Actes de leur competence concurremment avec eux, leur emploi n'étoit pas suffisant pour leur donner moyen de subsister en faisant leur Charge avec honneur & conscience; que n'étant point Officiers en titre, ils n'avoient point de successeurs obligez à conserver leurs minutes; & que pour remedier à ces inconveniens & desordres, il n'y avoit point de meilleur moyen que de regler leur fonction avec celle de nos Notaires & Huissiers, & de les revestir pour cela d'un Office en titre. A CES CAUSES, & autres considerations à ce Nous mouvans, de nostre certaine science, pleine puissance, & authorité Royale, Nous avons par le present Edit perpetuel & irrevocable, créé & érigé en titre d'Office formé & hereditaire, en chacun Archevêché & Evêché de nostre Royaume, Terres & Païs de nostre obeïssance, des Offices de Notaires Royaux, pour estre tenus & exercez par les Notaires Apostoliques qui seront établis dans les Villes & lieux qu'il sera jugé necessaire pour la commodité de nos Sujets, & dont le nombre sera fixé par les états qui seront arrestez en nostre Conseil, suivant les avis des Archevêques & Evêques, chacun dans leur Diocese.

PREMIEREMENT.

Ausquels Notaires Royaux & Apostoliques, Nous
avons attribué & attribuons par nostre present Edit,
le pouvoir & faculté de faire seuls, & privativement
à tous nos autres Notaires & Tabellions, à ceux des
Seigneurs, & à tous nos Huissiers & Sergens, les Procurations pour resigner Benefices purement & simple-
ment en faveur, avec reserve de pension pour cause
d'union, d'érection, permutation, coadjutoire, avec
future succession, ou en quelqu'autre façon que ce
soit, entre les mains de nôtre Saint Pere le Pape, de
son Legat, ou de l'Ordinaire, retroceder lesdits Benefices, consentir creation ou extinction de pension,
les revocations desdites Procurations, les significations d'icelles, les retractations desdites revocations,
les significations d'icelles, les Procurations pour se
démettre des Ministreries de l'Ordre de la Trinité,
dit des Mathurins, des Commanderies des Ordres Mi-
litaires, & autres Seculiers ou Reguliers, des Provi-
soreries, Principalitez, Chapelles, Bourses & Charges de College & des Universitez; & generalement
toutes les démissions d'Archevêchez, Evêchez, Abbayes, Prieurez Conventuels, Sociaux ou simples Dignitez, Personats, Offices, Administrations, Cano-
nicats, Prebendes, Semiprebendes, Cures, Vicaire-
ries perpetuelles, Chapelles, Servitoreries, Marguil-
leries, Superioritez; Prestimonies, & autres Charges
Ecclesiastiques.

II. Passeront lesdits Notaires les Procurations pour
prendre possession, les prises de possession, les oppositions à icelles, les Actes de refus d'ouvrir les portes
pour prendre possession de tous lesdits Benefices, Commanderies, Ministreries, Charges de Colleges & Superioritez; & en cas que sur le refus fait en Cour de
Rome ou par l'Ordinaire, d'expedier Bulles, Provisions ou *Visa*, il soit permis par Arrest ou par Ordon-

nances de nos Juges, de prendre possession sur les lieux, ou en une Chapelle, à la charge de la réïterer. Voulons que l'Acte en soit aussi receu par lesdits Notaires.

III. N'entendons toutesfois empêcher que les Greffiers des Eglises Cathedrales, Collegiales & Conventuelles, qui ont coûtume d'expedier les Actes de reception de ceux qui sont pourvûs de Benefices dépendans desdites Eglises, ne continuënt de le faire conformément à l'article 13. de l'Edit du mois de Juin 1550. que nous voulons estre executé; & si les Chapitres refusent de mettre les pourvûs desdits Benefices en possession, & esdits Greffiers d'en bailler Actes, pourront les Pourvûs en faire dresser procés verbal par l'un des Notaires Royaux & Apostoliques du Diocese; en presence de deux Témoins pour le moins; lequel procés verbal sera de tel effet, que celuy qui leur auroit esté delivré par le Greffier du Chapitre.

IV. Feront pareillement lesdits Notaires les publications des prises de possession dans l'assemblée des Habitans & Marguilliers des Paroisses, ou par notifications aux Patrons ou Collateurs ordinaires des Resignataires, & de leurs prises de possession, ou les requisitions aux Curez de publier lesdites prises de possession, au Prosne de la Messe Paroissiale; & en cas de refus, ils en feront la publication à l'issuë de ladite Messe en presence des Habitans, dont ils seront tenus de nommer pour le moins quatre des principaux, & de les faire signer, s'ils sçavent signer, sinon feront mention de leur réponse, à peine de nullité de l'Acte.

V. Expedieront lesdits Notaires les Presentations des Patrons Ecclesiastiques & Laïques, les Representations, les Provisions données par les Abbez, Abbesses & autres Beneficiers: celles accordées par les Collateurs Laïques, les Commissions des Archidiacres pour desservir une Cure pendant le déport, les Lettres d'Intronisation, les procés verbaux d'élection à une

Dignité, les Actes d'acceptation, les requisitions d'une confirmation, celles de *Visa*, ou de fulmination des Bulles, celles d'estre admis à prendre l'habit, faire Novitiat & Profession, pour satisfaire au Decret d'une Provision de Benefice regulier; les repudiations de Provisions, les Significations extrajudiciaires de Brefs & Rescripts Apostoliques; celles de Lettres d'Indult, de joyeux avenement, serment de fidelité; celles des degrez, attestations de temps d'étude, & nomination des Graduez; les Procurations pour notifier, les noms & surnoms des Graduez en tems de Caresme, les Notifications, les Procurations pour requerir Benefices, les Requisitions, les Collations accordées par les Executeurs de l'Indult du Parlement, celles données par les Chanceliers de l'Eglise de Paris & de l'Université, à ceux qui sont par Nous nommez, pour joüir de nos Brevets de joyeux avenement, & de serment de fidelité; & generalement toutes les Sommations, Oppositions, Interpellations que les Parties desireront faire pour la conservation de leurs droits aux Patrons, aux Elisans, aux Collateurs & Collatrices de nostre Royaume.

VI. Feront lesdits Notaires les Informations de l'âge, vie & mœurs, & conversation Catholique de ceux qui seront par Nous nommez à nostre Saint Pere le Pape aux Archeveschez & Eveschez, les Procés verbaux de benediction d'Abbez & d'Abbesses, de Consecration d'Eglises, de benedictions de Chapelles, les donations de Reliques, les cessions & donations sous nostre bon plaisir d'Indult, des Officiers de nostre Parlement de Paris, les cessions & échanges de Patronages d'Eglises, les Actes de Vesture, Novitiat & Profession dans les Monasteres qui n'ont point coûtume d'en tenir Registre, les Concordats sur procés mûs & à mouvoir pour raison du possessoire des Benefices, payement, reduction & extinction de pensions créées ou à créer en Cour de Rome;remboursemens de frais, les Transactions entre les Curez primitifs & les Vicaires perpetuels sur la celebration de l'Office divin à certains jours de l'année, perception des Oblations, honneurs & prerogatives ; celles pour la retribution & nomination des Predicateurs pour l'Avent, le Carême, l'Octave & Fêtes ; celles sur les refections, reparations, reédifications, & entretenemens des Eglises Cathedrales, Chœur & Cancel des Eglises Paroissiales, fournitures d'Ornemens, & Livres d'Eglises ; celles entre les Curez, Religieux & Religieuses, sur l'Enterrement des Seculiers qui élisent leur sepulture dans un Monastere ; les Procurations pour compromettre les Compromis, & l'expedition des Sentences arbitrales entre personnes Ecclesiastiques, pour raison des droits appartenans à leurs Eglises, les Contrats de partages entre les Abbez & les Religieux de leurs menses Abbatiales & Conventuelles; les Transactions pour suppléement de lots, augmentation de pension, acquit des Charges Claustrales de Sacristie, hospitalité, gages de Medecin, Apoticaire & Chirurgien, aumosnes, decimes ordinaires & extraordinaires, taxe pour le don gratuit, reparations, & autres Charges des Monasteres, les Transactions sur portions congruës, pensions de Vicaires, grosses novales, vertes & menuës dixmes, ou exemption d'icelles ; & generalement toutes les Transactions, Contrats & autres Actes qui seront passez entre personnes Ecclesiastiques pour raison de la celebration des Offices divins, droit de Visites, Privilege d'exemption de la Jurisdiction ordinaire, exercice de Jurisdiction Ecclesiastique, rangs & preéminence, conduite & discipline de l'Eglise, soit qu'il y ait procés au Petitoire, dans les Officialitez, ou au Possessoire devant nos Juges, ou par appel comme d'abus en nos Cours.

VII. Les Ordinaires n'adresseront plus leurs Provisions aux Prestres pour mettre les particuliers en possession des Benefices qu'ils auront conferé ; Nous les admonestons, & neanmoins enjoignons d'en faire l'adresse aux Notaires Royaux & Apostoliques pour les executer. Défendons à tous nos autres Notaires, Tabellions, Huissiers & Sergens, de s'entremettre pour passer, ou faire aucuns des Actes cy-dessus exprimez, à peine de nullité desdits Actes, d'interdiction pour six mois, de mille livres d'amende, & de tous dépens, dommages & interests des Parties. Pourront neanmoins les Parties; au cas que les Notaires Royaux & Apostoliques refusent ou dilayent de faire les Requisitions de Provisions, Institutions, *Visa*, Fulminations de Bulles & Rescrits, les faire faire par nos autres Notaires & Tabellions.

VIII. Pourront en outre lesdits Notaires faire concurremment avec nos autres Notaires & Tabellions, les titres Sacerdotaux, les Fondations de Benefices, de Monasteres, d'Obits, Prestimonies, Saluts, Processions, ou autre Service divin ; les donations au profit des Communautez Ecclesiastiques, Seculieres ou Regulieres, Fabriques, Confreries & Hôpitaux, Baux à fermes & sous-Baux des biens Ecclesiastiques ; les devis & marchez des constructions nouvelles, refections & reparations de bastimens appartenans à l'Eglise, les Quittances des Ouvriers, les Contrats de pension viagere promise à un Convent lors de l'entrée d'une fille en Religion, les Testamens de gens d'Eglise, & l'Inventaire des meubles trouvez aprés le decés des Ecclesiastiques; & lorsque le Curé de la Paroisse du Testateur ou son Vicaire auront reçû un Testament, Nous leur enjoignons d'en déposer la minute huit jours aprés le decés du Testateur dans l'Etude de l'un des Notaires Royaux & Apostoliques du Diocese, pour la Grosse en estre expediée par ledit Notaire.

IX. Et pour retrancher les suppressions d'Actes &

autres abus qui procedent de la facilité des Notaires à délivrer aux Parties les minutes des Concordats en matiere Beneficiale, des Procurations pour resigner, en quelque façon ; & pour quelque cause que ce soit, des revocations desdites Procurations & significations d'icelles, des retractations desdites revocations & significations d'icelles, des Provisions, prises de possession, refus d'accepter & autres Actes concernant le titre des Benefices ; Nous défendons ausdits Notaires Royaux & Apostoliques, de se dessaisir d'aucune desdites minutes, nonobstant qu'ils en soient requis par l'une & l'autre des Parties : Leur enjoignons de les garder soigneusement, à peine d'interdiction, & de mille livres d'amende ; & si aucune estoit délivrée, Nous en déclarons l'Acte nul, de nul effet & valeur. Faisons défenses aux Parties de s'en servir, tant au respect des tierces personnes, qu'au regard de ceux entre lesquels il a esté fait.

X. Ne pourra dorenavant aucun Notaire Apostolique en exercer la fonction s'il n'est revestu de l'un des Offices de Notaire Royal créez par le present Edit, Défendons à tous ceux qui en ont presté serment pardevant les Archevêques, Evêques ou leurs Officiaux, de plus instrumenter en ladite qualité, six semaines aprés la publication de nostre present Edit, à peine de faux, de nullité des Actes, & de cinq cens livres d'amende.

XI. Voulons que les Contrats de fondation & donation au profit des Eglises, Obligations, Transactions, & autres Actes passez par lesdits Notaires Royaux & Apostoliques, portent hypotheques, pourvû qu'ils soient signez de deux desdits Notaires, ou de l'un d'eux, & de deux témoins, & revestus des autres solemnitez requises par nos Ordonnances.

Et afin que lesdits Contrats soient à l'avenir executoires, sans permission de nos Juges ; Nous avons uni &

unissons ausdits Offices de Notaires Royaux & Apostoliques, la fonction de Garde de nostre petit Scel, & leur donnons pouvoir de sceller les Contrats par eux reçûs, d'un Scel gravé de nos Armes en placard de cire rouge.

XII. Seront tenus lesdits Notaires de faire bon & loyal Registre des Actes qui seront par eux reçûs, & d'écrire à la marge ou au pied de la minute de chaque Procuration, pour resigner le temps auquel ils en auront delivré la Grosse, combien de fois, & à quelles personnes.

XIII. Ne pourront lesdits Notaires exercer leur fonction qu'en un Diocese, sur peine de faux, & de nullité des Actes qui seront par eux passez hors le Diocese, auquel ils auront esté reçûs; & ne sera foy ajoûtée aux instrumens par eux expediez, s'il n'y est fait mention de leur qualité, demeure & Jurisdiction en laquelle leurs Provisions auront esté registrées.

XIV. Seront les Notaires Royaux & Apostoliques reçûs sans aucuns frais, aprés information de leur âge, vie, mœurs & Religion Catholique, par nos Baillifs & Sénéchaux ou Juges Royaux, dans la Jurisdiction desquels ils seront établis; & aprés qu'ils auront prêté serment devant nos Juges: Nous leur enjoignons de presenter leurs Lettres de Notaire Apostolique aux Archevêques & Evêques, leurs Vicaires Generaux ou Officiaux, & de faire le serment entre leurs mains, de bien & fidelement faire leurs Charges, sans neanmoins qu'ils soient obligez de faire aucune nouvelle information de vie & mœurs, ny de subir aucun nouvel examen.

XV. N'entendons que les Archevêques, Evêques, leurs Vicaires Generaux ou Officiaux, puissent en vertu de ce serment, ny autrement, s'attribuer la connoissance de l'execution des Actes qui seront passez par les Notaires Royaux & Apostoliques, ny pretendre autre Jurisdiction que celle qui leur appartient de droit, suivant nos Ordonnances.

XVI. Nous donnons pouvoir aux Notaires Royaux & Apostoliques de postuler dans les Officialitez & Cours Ecclesiastiques. Défendons aux Procureurs de nos Bailliages & Sénéchaussées, & de nos autres Sieges, même à ceux des Jurisdictions des Seigneurs, de plus y occuper, plaider, ny écrire, six semaines aprés la publication du present Edit, à peine de faux, de nullité des procedures, mille livres d'amende, dépens, dommages & interest des Parties. Pourront neanmoins ceux qui exercent actuellement la Charge de Procureurs esdites Officialitez, en vertu des Provisions qu'ils ont cy-devant obtenuës des Archevêques & Evêques, estant en possession d'en donner, continuer d'y en faire la fonction.

XVII. Voulons que les Notaires Apostoliques reçûs avant nostre present Edit, soient preferez dans l'acquisition desdits Offices & reçûs sans nouvel examen : seront toutefois obligez de prester serment entre les mains de nos Juges, chacun dans son ressort, & de faire registrer leurs Provisions en leurs Greffes, pour lequel enregistrement, les Greffiers ne pourront prendre que quarante sols.

XVIII. Et pour donner moyen ausdits Notaires de vivre honnestement de leur employ, & de se maintenir en l'honneur & l'égalité requise en leurs Charges, Ordonnons que tant pour leurs minutes, Grosses en parchemin, expeditions en papier, que pour leur droit de scel & cire, ils joüissent en qualité de Notaires Royaux & Apostoliques, pour leurs salaires & vacations hors leur Etude, dans la Ville & hors la Ville de leur residence, des mêmes droits, profits, émolumens, honneurs & rangs qui se trouveront attribuez par les Reglemens aux Notaires Royaux, & Gardes de nos petits Scels des Bailliages & Sieges Royaux dans lesquels ils seront reçûs & immatriculez; & en qualité de Procureurs des Officialitez, ils auront & prendront les mêmes droits & salaires qui seront perçus par les Procureurs des Bailliages ou Sieges Royaux, au ressort desquels l'Officialité dans laquelle ils postuleront, sera située.

XIX. Et pour donner moyen aux Pourvûs desdits Offices de les exercer avec assiduité, Nous les avons déchargé & déchargeons de logement effectif de gens de guerre, de la Collecte des Tailles, Tutelle, Curatelle, Guet & Garde, & de toutes autres Charges publiques.

Si donnons en mandement à nos amez & feaux Conseillers, les Gens tenant nostre Cour de Parlement, Chambre des Comptes & Cour des Aydes à Paris, que nostre present Edit ils ayent à faire lire, publier & registrer, & le contenu en iceluy garder & observer selon sa forme & teneur, cessant & faisant cesser tous troubles & empêchemens qui pourroient estre mis ou donnez, nonobstant tous Edits, Declarations; Ordonnances, Reglemens & autres choses à ce contraires, ausquels Nous avons derogé & derogeons par nostre present Edit, aux copies duquel collationnées par l'un de nos amez & feaux Conseillers Secretaires, Voulons que foy soit ajoûtée comme à l'Original : Car tel est nostre plaisir. Et afin que ce soit chose ferme & stable à toûjours, Nous y avons fait mettre nostre scel Donné à Versailles au mois de Decembre, l'an de Grace mil six cens quatre-vingt onze, & de nostre Regne le quarante-neuviéme. Signé, LOUIS; *Et plus bas*, Par le Roy, Phelippeaux. *Visa*, Boucherat. Et scellé du grand Sceau de cire verte, en lacs de soye rouge & verte.

Registrées, Oüy, & ce requerant le Procureur General du Roy, pour estre executées selon leur forme & teneur; &

copies collationnées envoyées dans les Sieges, Bailliages, & Sénéchaussées du Ressort, pour y estre pareillement lûes, publiées & registrées; Enjoint aux Substituts dudit Procureur General d'y tenir la main, & d'en certifier la Cour dans un mois, suivant l'Arrest de ce jour. A Paris en Parlement le 2. Janvier 1692.

Signé, DU TILLET.

Registrées en la Cour des Aydes, Oüy, ce requerant & consentant le Procureur General du Roy, pour estre executées selon leur forme & teneur; & ordonné que copies collationnées des presentes Lettres, seront incessamment envoyées à la diligence dudit Procureur General, és Sieges des Elections & Greniers à Sel du Ressort de ladite Cour, pour y estre leues, publiées & registrées l'Audience tenant; Enjoint aux Substituts dudit Procureur General d'y tenir la main, & de certifier ladite Cour de leur diligence au mois. A Paris, les Chambres assemblées, le 22. Janvier 1692.

Signé, DU MOLIN.

ARREST DU CONSEIL D'ETAT,

Du 18. Decembre 1691.

Qui ordonne l'execution des Edits du mois de Decembre 1691. portant Creation de Greffiers des Insinuations, Greffiers des Domaines de Gens de Mainmorte, d'Oeconomes Sequestres, & de Notaires Apostoliques dans chaque Diocese du Royaume.

Extrait des Registres du Conseil d'Etat.

LE ROY s'estant fait representer en son Conseil ses Edits du present mois de Decembre, par lesquels Sa Majesté a créé des Offices hereditaires de Greffiers des Insinuations Ecclesiastiques, de Greffiers des Domaines de Gens de main-morte, d'Oeconomes Sequestres, & de Notaires Royaux & Apostoliques dans tous les Dioceses du Royaume, Terres & Seigneuries de l'obeïssance de Sa Majesté, aux exemptions, gages, attributions de droits & privileges portez par lesdits Edits, de la vente de tous lesquels Offices, & du recouvrement de la finance d'iceux, Sa Majesté par Resultat de son Conseil du onze Decembre present mois & an, auroit chargé Maistre Antoipe Gatte Bourgeois de Paris aux conditions portées par iceluy; & voulant accelerer la vente desdits Offices, & que lesdits Edits & Resultat soient executez. Oüy le Rapport du sieur Phelyppeaux de Pontchartrain, Conseiller ordinaire au Conseil Royal, Contrôlleur General des Finances : SA MAJESTÉ EN SON CONSEIL a ordonné & ordonne que les Edits du present mois, & le Resultat du onze Decembre, seront executez selon leur forme & teneur; & en consequence que ledit Gatte, ses Procureurs & Commis recevront la finance desdits Offices sur la Quittance du Receveur des Revenus Casuels, qui les luy délivrera sur les recepissez de deux de ses Cautions, portant promesse de luy en fournir des Quittances du Tresor Royal à sa décharge, & les ampliations des Quittances de finance; les deux sols pour livre, de laquelle finance seront pareillement reçûs par ledit Gatte sur les Quittances de luy, & de ses Procureurs & Commis, sans qu'ils soient obligez d'en compter au Conseil; Ordonne qu'en attendant la vente desdits Offices, ledit Gatte pourra commettre des personnes capables pour les exercer sur Commissions du grand Sceau, qui luy seront à cette fin expediées sans frais, & lesdits Commis reçûs en toutes Cours & Jurisdictions, sans payer aucune chose, à peine de concussion; pour les frais de l'établissement desquels Commis, ledit Gatte joüira conformément ausdits Edits, comme pourroient faire les Titulaires, de tous les droits & émolumens attribuez ausdits Offices, sans estre tenu d'en compter au Conseil ny ailleurs: A l'effet de quoy ceux qui font presentement les fonctions des Greffiers des Insinuations, remettront ausdits Commis ou Acquereurs quinzaine aprés la signification qui leur sera faite du present Arrest à personne ou domicile, tous leurs Registres, & ceux de leurs auteurs, dont ils prendront leurs recepissez au bas d'un inventaire, & jusques à ce surcis à la liquidation de leurs Offices, & au remboursement. Lesquels Commis joüiront encore des exemptions, prerogatives & privileges desdits Offices, tout ainsi que pourroient faire les Titulaires tant & si longuement qu'ils en feront les fonctions; & à l'égard des gages attribuez ausdits Offices de Greffiers des Insinuations, & d'Oeconomes Sequestres, Ordonne Sa Majesté que ledit Gatte en joüira sur ses simples Quittances, & qu'à cet effet le fonds en sera fait dans les Etats de ses Domaines, à commencer du premier Janvier prochain jusques à la vente desdits

Offices, sans estre tenu pareillement d'en compter au Conseil ny ailleurs ; & pour le surplus des conditions portées par ledit Resultat, Ordonne qu'elles seront executées selon leur forme & teneur en vertu du present Arrest ; pour l'execution duquel toutes Lettres necessaires seront expediées. FAIT au Conseil d'Etat du Roy, tenu à Versailles le dix huitiéme jour de Decembre mil six cens quatre-vingt onze. Collationné.

Signé, DE LAISTRE, avec paraphe.

ARREST DU CONSEIL D'ETAT,

Du 8. Janvier 1692.

Portant Reglement pour le Droit de Marc d'or, Droit de Sceau, & frais de Reception pour les Offices hereditaires de Greffiers des Insinuations Ecclesiastiques, Greffiers des Domaines des Gens de Mainmorte, Oeconomes Sequestres, Notaires Royaux & Apostoliques.

Extrait des Registres du Conseil d'Etat.

LE ROY ayant par ses Edits des mois de Decembre dernier créé des Offices hereditaires de Greffiers des Insinuations Ecclesiastiques, de Greffiers des Domaines de Gens de main-morte, d'Oeconomes Sequestres, & de Notaires Royaux & Apostoliques dans tous les Dioceses du Royaume, Terres & Seigneuries de l'obeïssance de Sa Majesté ; & voulant favorablement traiter ceux qui acquereront lesdits Offices, en moderant pour la premiere fois les droits de Marc d'or, les frais de Provision du Sceau, & de la Reception ; en leur facilitant en outre l'emprunt des deniers qui leur seront necessaires pour lesdites acquisitions : Oüy le rapport du Sieur Phelippeaux de Pontchartrain, Conseiller ordinaire au Conseil Royal, Contrôlleur General des Finances, SA MAJESTE' EN SON CONSEIL a ordonné & ordonne, que ceux qui acquereront lesdits Offices payeront, sçavoir, lesdits Greffiers des Insinuations Ecclesiastiques, & les Oeconomes sequestres pour les droits du Marc d'or, quinze livres; pour ceux du Sceau, compris l'augmentation établie par la Declaration du mois de May dernier, dix-huit livres; pour le droit du Garde des Rôlles, six livres : les Greffiers des Domaines de Gens de Main-morte, & les Notaires Royaux & Apostoliques, payeront pour les droits du Marc d'or, dix livres; pour ceux du Sceau, compris l'augmentation portée par ladite Declaration, douze livres dix sols ; & pour le droit du Garde des Rôlles, quatre livres dix sols ; & pour leur reception ne payeront les uns ny les autres aucuns droits de Conclusions, d'Epices ny de Greffes, à l'exception desdits Greffiers des Insinuations, & œconomes, qui payeront seulement pour l'enregistrement de leurs Provisions, dans les Bureaux des Finances, vingt livres pour tous droits. Fait Sa Majesté défense aux Officiers desdits Bureaux d'exiger plus grande somme à peine de concussion ; & afin que ceux qui presteront leurs deniers pour acquerir lesdits Offices puissent avoir un privilege & hypotheque special par preference sur iceux; Ordonne Sa Majesté aux Receveurs de ses Revenus Casuels, d'en faire mention dans ses Quittances : Enjoint aux Sieurs Commissaires départis dans les Provinces, de tenir la main à l'execution du present Arrest. FAIT au Conseil d'Etat du Roy, tenu à Versailles le huitiéme jour de Janvier mil six cens quatre-vingt douze.

Signé, ROÜILLET.

www.ingramcontent.com/pod-product-compliance
Ingram Content Group UK Ltd.
Pitfield, Milton Keynes, MK11 3LW, UK
UKHW021043260726
13994UKWH00005B/2326

9 782329 344003